souffle d'une

CORSE

VENT nom masculin (lat, ventus):

Déplacement d'air dans l'atmosphère...

u ventu

D'où vient-il, où va-t-il ?...

Certains affirment que le battement d'ailes d'un papillon dans un coin perdu du bout du monde, déclenche les pires typhons à l'autre extrémité de la planète.

Le vent traverse tous les continents. Il n'a pas de frontières. En passant, il emporte avec lui les cris des enfants qui s'amusent, les pleurs des peuples malheureux. Il arrache un peu de la terre des pays traversés pour les reposer à quelques milliers de kilomètres plus loin. Ainsi la vie voyage au gré des vents pour s'installer dans des régions plus hospitalières.

En Corse, le vent a effilé nos côtes, dessiné nos golfes et creusé nos vallées. L'exemple le plus extraordinaire est bien sûr le sud de la Corse où le vent perpétue inlassablement ce merveilleux "accident" de la nature. Les hommes se sont associés à elle en construisant Bonifacio, joyau de la Méditerranée.

Comme toutes les îles, la Corse est battue par tous les vents. Celui du nord emmène les oiseaux migrateurs vers l'Afrique et si parfois, il véhicule le mauvais temps, il est surtout synonyme de clarté du ciel comme un grand nettoyeur de la nature. Celui de l'est agite la mer, amène la pluie sur la côte est de l'île. L'hiver, la neige tombe en abondance. C'est un vent de froid et de souffrance. Celui de l'ouest nous apporte la pluie, les rivières gonflent et la végétation se délecte des gouttes salutaires, attendues souvent durant de longs mois. Enfin celui du sud et avec lui, le retour des oiseaux, les beaux jours, le sable du désert, les fleurs qui s'ouvrent, la vie qui repart. Dans ces moments-là, la Corse ne sait plus si elle est européenne ou africaine, un métissage des deux, probablement.

Il est difficile en parlant des vents de définir le beau et le mauvais temps. Nous avons besoin de ces quatre vents, ils cultivent la vie sur notre île et à travers les siècles, ont façonné ce qui est certainement une des plus belles îles du monde.

Fier, mystérieux, farouche, ce pays se découvre doucement, patiemment, l'émerveillement est au prochain virage, à l'entrée de la prochaine vallée, en haut du prochain col, au fond de ce golfe rouge!

Laissez-vous porter par le vent, il vous conduira dans les coins les plus secrets de la Corse, dans un souffle hospitalier

a muntagna

C'est dans la montagne que se cache le témoignage de la vie passée des Corses. Comme presque tous les insulaires du monde, les corses tournaient le dos à la mer et ne concevaient la vie que par et avec la montagne.

Actuellement, certaines bergeries accueillent encore les troupeaux à l'issue d'une transhumance de plus en plus rare. C'est un vrai privilège de vivre pendant quelques heures avec les bergers, à leur rythme, en essayant de se faire le plus discret possible. Ces hommes sont déjà d'un autre temps. Levés dès l'aube, dans un silence à peine troublé par le bruit des pas, le tintement des bidons de lait et le chevrotement des bêtes. Baignée par les rayons d'un soleil hésitant, la traite s'effectue sans un mot, comme si les hommes et les animaux n'étaient pas tout à fait réveillés. Les chèvres sont libérées et la fabrication du Brocciu se déroule sous un soleil déjà haut. L'après midi, après le repas, il faut dormir, la chaleur est accablante en haute montagne et les hommes ont besoin de repos. En fin de journée, ils redressent des pierres de la bergerie, ébranlées par les intempéries. Puis c'est le retour du troupeau, la traite du soir et le repas pris à la lueur d'une lampe à pétrole. La nuit est tombée, le ciel est constellé d'étoiles, les bruits de la plaine montent, étouffés par la distance. Loin du monde, les bergers s'endorment.

L'intérieur est la vraie région des Corses. C'est la vie moderne et l'exigence économique qui les a contraints à s'installer sur le littoral. Aujourd'hui encore, les habitants de l'île n'imaginent pas être enterrés ailleurs que dans leur village, auprès de leurs ancêtres.

La montagne, terre des mouflons et des grands aigles, occupe une place particulière dans le coeur de tous les insulaires. Le retour à une culture ancestrale, une façon de fuir la vie trépidante de la côte, de se ressourcer et de préserver ce lien tenace fait de valeurs et de traditions qui leur sont chères. Pour les visiteurs, une rencontre avec la simplicité et l'hospitalité légendaires des Corses.

mare e monti

Au bord d'une plage, le murmure des vagues et le chant des cigales... A 2000m d'altitude, le battement de notre cœur, une pierre qui roule sous le pas viennent troubler le silence... L'île de beauté offre à ceux qui le désirent ce qu'il y a de plus précieux sur terre, l'espace et le dépaysement. Réfugié dans une crique ou perché sur l'arête d'une montagne, on est seul au monde : c'est le retour à l'essentiel que la vie moderne et trépidante nous font souvent perdre de vue. La Corse ce n'est ni la mer ni la montagne mais les deux à la fois. Le matin, le vent grimpe jusqu'au sommet et redescend le soir vers le grand large. La nature elle-même ne choisit pas. Cette île est un tout et ses amoureux ont pour elle un attachement viscéral.

u sciroccu

"Au sud du sud, la nature et l'homme se sont mis en harmonie pour édifier cette perle de la Méditerranée"

PAGE PRÉCÉDENTE
.Grotte St Antoine
.Plage St François et
bateau échoué

A GAUCHE
.Ruelle en haute ville
.Golf de Sperone
.La marine

A DROITE
.Les Îles Lavezzi
.Le goulet, la citadelle, le
port de Bonifacio

Au sud du sud, dans les bouches de Bonifacio, les îles Lavezzi, faites de gros rochers, de petites criques de sable blanc et d'eau turquoise ont été le théâtre d'une multitude de naufrages. Le plus célèbre fut celui de "la Sémillante" en 1855, qui se rendant à Sébastopol en Crimée fut prise dans une terrible tempête et s'écrasa sur les récifs. Aucun des 750 marins ne survécut. Un petit cimetière fut édifié, sur l'île où la plupart d'entre eux furent inhumés. Ce drame n'était malheureusement pas le premier, pour preuve, le nombre important d'épaves, chargées d'amphores, découvertes sur les même lieux. En hiver, ces parages paraissent souvent inhospitaliers mais dès le retour des beaux jours, les plages sont de nouveau très accueillantes. Elles sont fréquentées par des Italiens venus de la Sardaigne toute proche, des plaisanciers y font escale et des navettes en provenance de Bonifacio déposent tous les matins des touristes pour la journée.

La nature et l'homme se sont mis en harmonie pour édifier cette perle de la Méditerranée qui en surprendra plus d'un. Il faut monter dans la vieille ville, parcourir ces rues étroites où les maisons sont construites en aplomb sur la mer, visiter la marine et se laisser dominer par l'imposante citadelle de la cité du sud. Une promenade en bateau vous sera proposée, il faut la faire sans hésitation.

Qui des hommes ou du vent a pris l'initiative de construire la ville de Bonifacio?

Probablement un peu les deux, le vent a façonné la falaise et les hommes se sont adaptés en construisant avec talent, une fois n'est pas coutume, une cité magnifique.

A GAUCHE
.La haute ville perchée au bord des falaises

A DROITE
.Le grain de sable
.La citadelle et la marine au soleil couchant

A GAUCHE
.Les falaises, le chapeau de
Napoléon, le gouvernail et le grain
de sable au loin
.Les îles Fazzio
.Grotte du Sdragonato
.Vue aérienne des falaises, de la
haute ville et de la marine

A DROITE
.L'anse de Paraguano et le Capo di
Feno

Convoitée jadis par les principaux souverains d'Europe, cette cité médiévale fut longtemps une ville libre, vivant de piraterie, avant de devenir une colonie Génoise.

Édifiée sur une magnifique falaise blanche, haute de plus de soixante mètres, battue par les vents et les vagues, elle semble isolée du reste de l'île, comme un "bout du monde", par un vaste et aride plateau calcaire.

Bonifacio se divise en deux quartiers, la marine et la haute ville.

Enfermée dans ses fortifications, juchée sur un étroit promontoire, empreinte d'une atmosphère moyenâgeuse, la haute ville offre un spectacle saisissant vu de la mer, avec ses imposants remparts et ses vieilles maisons agglutinées à l'extrémité de la falaise.

Placée sous la protection de Saint Erasme, patron des navigateurs, la marine s'étire le long du port. Elle est le refuge des pêcheurs et des plaisanciers. C'est aussi le point de départ des promenades en mer, à la découverte d'un environnement marin exceptionnel.

bonifacio

Si autrefois, la montagne ignorait la mer, il en est tout autrement aujourd'hui. L'aménagement de nombreux itinéraires, favorisé par un tourisme à la recherche d'authenticité, permet de découvrir au cours d'une même journée les bergeries de Naseo et la plage de "Cala di Furnellu".

Cette région très peu urbanisée a gardé toute sa richesse naturelle. Une végétation dense interdit une pénétration sauvage, préserve la qualité des eaux et donne au visiteurs l'impression délicieuse de se baigner dans une mer protégée des agressions du modernisme.

Monumentale sculpture naturelle de granit, le Lion de Roccapina, règne depuis la nuit des temps sur cette côte rocheuse, symbolisant à merveille ce refus d'une évolution anarchique où la nature n'aurait plus sa place.

Sur ce rivage, guidé par des vents amis et complices vous découvrirez en solitaire une multitude de sites dont les noms mélodieux sont déjà une invitation au dépaysement...

Conca, Mortoli, Tizzano, Cala Longa, Senetosa, Cala d'Agulia... anses profondes... pointes sauvages... le vent a effilé ou creusé selon son inspiration des endroits de rêve. Seul, nous oublions tout pour ne retenir que l'essentiel, la simplicité, la beauté. Nous redevenons nous-mêmes, dans ces lieux qui nous transportent et nous ramènent à l'originel : la nature.

A GAUCHE

.Les bergeries de Naseo perchées à plus de 900m dans la montagne de Cagna
.L'anse de Conca et le Capu di Senetosa

A DROITE

.Baignade dans les eaux claires de Cala Longa du côté de Tizzano
.Le lion de Roccapina et la plage d'Erbaju

Ville de tradition, Sartène fête chaque année le vendredi saint avec la très célèbre procession du Catenacciu. Inconnu de tous, un homme, vêtu d'une robe rouge et cagoulé, chaînes aux pieds, portant une énorme croix, parcourt lentement les rues, depuis l'église sainte Marie, pour expier ses péchés. Son calvaire analogue à celui du Christ dure trois heures dans la ferveur de l'assistance. Malgré la souffrance qu'il endure, la rumeur affirme que la liste des volontaires est très longue, il faut s'inscrire des années à l'avance pour être un jour le pénitent.

Dominant la vallée du Rizzanese, à treize kilomètres de Propriano, son port naturel, Sartène, fière et sévère à la fois, s'est attribuée le surnom de "la plus corse des villes corses". Il est certain que cette petite ville du sud ne ressemble à aucune autre, avec ses étroites ruelles de pierres où le soleil ne parvient que difficilement à caresser le sol et réchauffer les façades. Les promeneurs ont le sentiment de pénétrer dans une église et se surprennent à converser un ton plus bas, comme pour respecter ce lieu sacré. Au moyen-âge, Sartène fut le fief des puissants seigneurs De La Rocca. Plus tard, dirigée par de grands propriétaires terriens, les "Sgiò", elle demeura longtemps hostile à toute influence extérieure, respectueuse du pouvoir établi.

A GAUCHE
.U omo di Cagna
.Ruelle ombragée de Sartène
.La procession du Catenacciu à Sartène

A DROITE
.Vue générale du village de Sartène
.La porte "a loghja" reliant la place du village de Sartène aux ruelles typiques de la ville

A GAUCHE
l'anse de Mortoli
.L'anse de Cala Longa
.La tour de Roccapina

A DROITE
.Iles Bruzzi
.Village de Campomoro
.Vieux corses en discussion

Le conservatoire du littoral a entrepris depuis quelques années le rachat de terrains sensibles près de la mer, afin de le protéger contre la spéculation immobilière.

Cette région constitue un des sites préservés les plus vastes de l'île, depuis la punta di Campomoro jusqu'au phare de Senetosa. Plus de vingt kilomètres sont ainsi soustraits à la convoitise de certains constructeurs.

Grâce à cette politique volontariste, cette côte est restée vierge de toute construction sans pour autant devenir une zone inaccessible aux visiteurs amoureux et respectueux de la nature.

A l'entrée de cette réserve, la petite commune de Campomoro est un havre de paix. Village de pêcheurs au fond d'une anse et bordé d'une très jolie plage de sable, il est dominé par une imposante tour Génoise qui marque l'ouverture du golfe du Valinco, offrant un point de vue sur l'intérieur vers Propriano et sur le grand large.

23

Propriano, bâti au fond du golfe du Valinco, débouché naturel de toute la région du Sartenais est un petit port de commerce axé depuis quelques années vers la plaisance.

La ville de Propriano aurait été créée à la fin du 2° siècle avant J-C.

Dès l'âge du bronze, la région entretient des relations commerciales avec les Etrusques, les Grecs et les Carthaginois. Malgré cette activité ancienne, elle demeure longtemps sans connaître de véritable essor économique.

C'est au début du siècle qu'elle se tourne vers le tourisme pour devenir aujourd'hui une des principales stations balnéaires de l'île, servie par un environnement aux nombreuses plages de sable fin et criques abritées du vent.

Si actuellement le port de commerce a gardé un dynamisme non négligeable, c'est surtout le port de plaisance qui constitue la principale activité de la cité du Valinco.

propriano

A GAUCHE
.Le port de Propriano
.Le Taravo

A DROITE
.La plage, le port et la ville de Propriano
.Vue aérienne du port et de la marine de Propriano

Le Taravo prend sa source à proximité du col de Verde, sur les pentes du Monte Grosso qui culmine à 1898 m et se jette dans le golfe du Valinco près du petit port de Porto Pollo. C'est autour de ses berges que se fabrique une excellente charcuterie. Il n'est pas rare de découvrir à la sortie d'un virage, à l'ombre des châtaigniers, des porcs qui semblent en liberté. En fait, ils attendent le passage d'un touriste étonné de cette présence insolite, qui aura la gentillesse de leur donner du pain ou comble de la délectation un savoureux biscuit. En Corse la charcuterie est une institution, elle doit sa qualité à ses cochons qui courent dans la montagne et se nourrissent de châtaignes. C'est en hiver que la charcuterie se prépare pour être consommée en été. Parmi les villages qui cultivent cette tradition, de plus en plus rare à l'échelle artisanale, Cozzano fait figure de fleuron. "Le Figatellu", confectionné avec le foie de porc, " Le Lonzo" avec le filet, "La Coppa" avec le faux filet et "Le Prizzutu" (jambon) sont les produits principaux de cette artisanat.

Le site préhistorique de Filitosa a été découvert par le propriétaire du terrain en 1946. Depuis, avec l'aide de l'archéologue Roger Grosjean, on a mis à jour de nombreuses statues de différentes époques. Néolithique (entre 6000 et 2000 ans avant J-C) : à cette époque les hommes vivent de l'agriculture, de la chasse, de la pêche, ils pratiquent déjà la transhumance. Mégalithique (entre 3500 et 1000 avant J-C) : la manière de vivre ne change pas fondamentalement, une évolution lente s'opère, la confection d'armes taillées dans le granit, l'enterrement des morts dans des caveaux. Torréenne (entre 1600 et 800 avant J-C) : c'est une nouvelle civilisation qui s'installe en Corse du sud, elle se distingue par la construction de forteresses circulaires installées sur les hauteurs. Jusqu'à l'époque romaine, ces vestiges forment une synthèse intéressante et précieuse des origines de l'histoire en Corse. La découverte du site dure une heure environ et se termine par la visite d'un musée installé dans l'enceinte de la station et qui présente les objets découverts au cours des fouilles.

A GAUCHE
.Pêche à la truite sur le Taravo
.Alignement des menhirs de Palaggiu
.Menhirs de Filitosa
.Station préhistorique de Filitosa

A DROITE
.Pont Génois "U Ponte Vecchiu"
sur le Taravo

28

u libecciu

"Les ajacciens prétendent que leur golfe est le plus beau du monde...
Il est certain que le dessin de ses côtes tout en douceur incite plus à la rêverie qu'au stress des grandes villes modernes."

Si dans les années soixante, Porticcio était loin d'Ajaccio, il en est aujourd'hui sa proche banlieue. Dépendant toujours de la commune de Grosseto, un petit village à l'intérieur des terres, le hameau est devenu avec ses plages, ses hôtels et toutes les infrastructures construites ces vingt dernières années, la principale station balnéaire du golfe. Les plages sont souvent très belles et abritées. Mare e Sole, l'Isolella sont parmi les plus fréquentées par les ajacciens et les touristes. Tout le long de la rive sud, des tours Génoises gardent l'axe de la cité impériale, la plus célèbre est celle de Capitello, à l'embouchure de la Gravona, c'est à cet endroit que la famille Bonaparte, poursuivie par les partisans de Pascal Paoli, favorable à la résistance contre la convention, durent quitter la ville précipitamment.

Nul à cet instant ne pouvait prévoir le fabuleux destin qui attendait l'enfant d'Ajaccio. Depuis Ajaccio il est possible de se rendre sur la rive sud par bateau, la ville n'est distante que de six kilomètres, une navette fonctionne pendant les beaux jours, elle permet, au bout d'une belle traversée de quelque minutes, d'éviter les embouteillages de l'été.

A GAUCHE
.La plage de Verghia dîte de Mare e Sole
.Arrivée de la navette reliant Ajaccio et Porticcio
.L'anse de Cala d'Orzu avec sa célèbre paillote

A DROITE
.Pointe de l'Isolella
.Plage de Porticcio
.Tour de Capitellu et Ajaccio
.Vue aérienne de Porticcio

La vie semble douce dans la cité impériale. Construite en 1492, au fond du golfe, cette petite ville qui compte aujourd'hui quelques 60 000 âmes est à l'abri des vents froids du nord, elle bénéficie d'un micro climat avec un ensoleillement maximum et une température agréable même en hiver.

Les ajacciens prétendent que leur golfe est le plus beau du monde... Il est certain que le dessin de ses côtes tout en douceur incite plus à la rêverie qu'au stress des grandes villes modernes.

L'arrivée en bateau, le matin de bonne heure quand la cité dort encore et que le soleil éclaire d'ocre les façades des maisons près du port, est un pur moment de bonheur qu'il faut savoir savourer avant de prendre sa voiture pour entrer en ville.

Le calme et la sérénité, c'est aussi ces pêcheurs sur le boulevard Lantivy, à l'ombre des palmiers et des lauriers roses, tirant leur filet depuis la berge, comme ils le font depuis la nuit des temps. Avec une force tranquille, ils répètent les gestes ancestraux des anciens, sous le regard de quelques curieux lève-tôt, ravis de ce spectacle naturel. Ces hommes rudes savent bien qu'ils sont les derniers et que leur métier tel qu'ils le pratiquent, disparaîtra probablement avec eux, mais que faire contre la modernité?... Alors résignés, ils récupèrent la prise du jour, la chargent dans leur barque et accompagnés de dizaines de mouettes réclamant bruyamment leur part de poisson, ils repartent derrière la citadelle, rejoindre le port et vendre encore une fois le produit de leur pêche.

A GAUCHE
.Le port Tino Rossi au lever du soleil
.Vue aérienne d'Ajaccio
.Le marché d'Ajaccio

A DROITE
.La vieille ville et les remparts de la citadelle
.Le démaillage des filets
.Bateau de pêche traditionnel "pointu"

Les ajacciens ne sont pas des gens tristes et renfermés, bien au contraire. Les terrasses des cafés sont souvent bondées, colorées et animées, les clients refaisant le monde ou préparant une farce à un ami absent. C'est le sport favori des habitants de la cité ajaccienne.

Promenade incontournable, l'hiver au moment du coucher du soleil, lieu de prédilection, l'été, pour la baignade sur de petites plages de sable fin, à l'abri du vent, la route des Sanguinaires est devenue au fil du temps, un lieu de résidence très recherché.

A GAUCHE
.Coucher de soleil sur la Parata et
les Îles Sanguinaires

A DROITE
La pointe de Marinella et la
demeure de Tino Rossi
.Pêcheurs tirant les filets plage
St François
.Pêcheurs devant le boulevard
Lantivy
.Soleil couchant sur la route des
sanguinaires

A GAUCHE
.Napoléon et ses frères
place De Gaulle
.Journées Napoléonienne
.L'aiglon
.Reconstitution place
d'Austerlitz "U Casone"

A DROITE
.La Maison natale de
Napoléon Bonaparte
.Place Foch
.Grognards
.Grotte Napoléon place
d'Austerlitz
.Relève de la garde

Certains visiteurs ignorent que Napoléon 1er est natif d'Ajaccio mais en flânant dans la ville, très vite ils s'en rendent compte, de nombreuses rues portant un nom en rapport direct avec l'Empereur ou sa famille.

Une fois par semaine, en été, sur la place Foch en face de la mairie, les "grognards" de la garde napoléonienne effectuent la relève de la garde au son des fifres et des tambours. Armés d'appareils photo et de caméras, les touristes mitraillent la scène, ce feu nourri n'entame en rien le flegme de ces vieux brisquards qui en ont vu d'autres mais permettent aux estivants, une fois rentrés chez eux, la tête pleine d'images, de dire comme nos glorieux ancêtres, "j'y étais".

Avec ses mille kilomètres de rivages, la corse véhicule essentiellement l'image d'un pays de bord de mer. Pourtant, c'est une vraie montagne, sillonnée de torrents et de rivières qui apportent aux hommes l'eau nécessaire à leur confort. Depuis la prise en compte de l'industrie touristique dans l'économie insulaire, la construction de nombreux barrages permet d'apprivoiser ce précieux liquide, l'hiver quand il coule en abondance et de le restituer, en été, quand la population augmente considérablement. Si pour beaucoup de touristes, la Corse est synonyme de chaleur, de plages et de côtes arides, la réalité surprend plus d'un visiteur, quand il découvre ces innombrables cours d'eau qui serpentent au milieu de paysages verdoyants. Pendant la saison chaude, se baigner dans une rivière quelques fois froide est un bonheur supplémentaire, offert par la nature.

A GAUCHE
.Voile de la mariée au dessus de Bocognano
.Fontaine de Vivario
.Lys tigré
.Randonneur en haute montagne

A DROITE
.Canoë kayak sur le Tavignano
.Cascades des anglais à Vizzavona
.Micheline sous le monte d'Oro

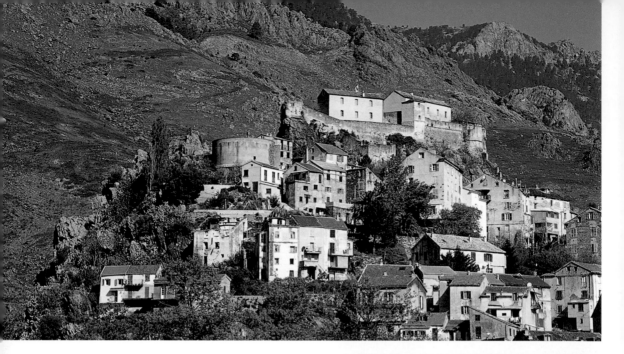

A GAUCHE
.Citadelle de Corte
.Citadelle
.Statue de Pascal Paoli

A DROITE
.Vallée de la Restonica
.Foire aux fromages
."Arcu di u Scandulaghju" au dessus de Corte
.Bergerie dans la vallée du Tavignano
.Gorges de la Restonica

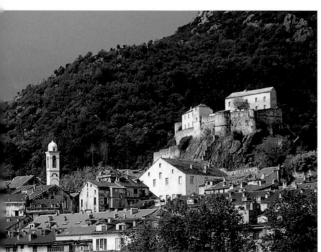

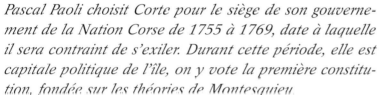

Pascal Paoli choisit Corte pour le siège de son gouverne-
ment de la Nation Corse de 1755 à 1769, date à laquelle
il sera contraint de s'exiler. Durant cette période, elle est
capitale politique de l'île, on y vote la première constitu-
tion, fondée sur les théories de Montesquieu.
Aujourd'hui la cité Paoline est devenue ville universitaire
et pôle culturel, la citadelle accueille le musée de la Corse
et le musée d'art et d'histoire. Dominée par sa citadelle,
la vieille cité centrale de la Corse illustre encore de nos
jours une page historique, chère au coeur des insulaires.

Les lacs de la haute montagne comptent parmi les plus beaux trésors de la Corse.

Creno, au milieu d'une forêt de pins et parsemé de nénuphars, évoque un lac d'Amérique du Nord...

Nino, niché sur un plateau à 1743 m, entouré de bergeries et de pâturages. Au printemps, sitôt la fonte des neiges, un tapis de Crocus envahit ses berges...

Capitello, le plus haut 1930 m et le plus profond 42 m, cerné de sommets abrupts de plus de 2000 m, gelé huit mois sur douze...

Melo (la pomme) en raison de sa forme, le plus fréquenté en période estivale est aussi le préféré des pêcheurs de truites...

Goria, Rinoso, Bellebone, Cinto, Oriente... l'île regorge, en montagne, de ces plans d'eau naturels.

C'est la destination favorite des randonneurs qui s'y accordent volontiers une halte prolongée pour un repos salutaire. Après un périple souvent ardu au coeur de la Corse, ces coins de paradis sont comme une récompense de la nature pour les amoureux de la montagne.

A GAUCHE
.Lacs de Melo et Capitello
.Lac de Nino

A DROITE
.Vallée de Mangano
.Randonneurs dans le passage du Capitello
.Lac de Creno
.Lac du Capitello

Construite en 1773 par la colonie Grecque, venue d'Itilo, pour échapper aux turcs, Cargèse a gardé malgré le temps ses coutumes et sa religion. Les mariages sont encore célébrés selon le rite orthodoxe et les noms sur les boîtes à lettres témoignent de l'origine des habitants de cette petite ville. Il est surprenant de voir ces deux églises, l'une latine et l'autre grecque se faire face comme pour perpétuer une vieille querelle qui n'a plus de raison d'être. C'est en effet le même prêtre qui officie dans les deux paroisses. Cette différence de culture est étonnamment vivante à l'occasion des fêtes de Pâques. Le lundi surtout, une procession est organisée pendant laquelle des coups de fusil sont tirés en l'air, des icônes promenés dans les rues à bout de bras, au milieu d'une foule nombreuse et fervente, accompagnant la cérémonie de chants religieux. C'est dans ces moments mêlés de recueillement et de liesse que se mesure le poids de la tradition spécifique à cette population, restée fidèle à ses deux cents ancêtres qui bâtirent avec courage et ténacité cette cité unique en Corse.

A GAUCHE
.Sagone
.Plage du Santana à Sagone
.Églises orthodoxe et chrétienne de Cargèse
.Village de Cargèse, ses églises et l'entrée du port

A DROITE
.Anse de Sagone
.Parapente au dessus du golfe de la Liscia
.Sagone au soleil couchant

u maistrale

"l'oeuvre gigantesque de la nature domine nos prétentions humaines.
Ici, l'homme n'est plus rien..."

C'est pour protéger la Corse des barbaresques venus d'Afrique du Nord que les Génois organisèrent un réseau de surveillance en construisant les tours sur près de 500 km de côte. Par le recours à l'emprunt, en instaurant des taxes sur la population insulaire, en faisant appel à des donateurs, paroisses, villages et même agriculteurs, éleveurs, pêcheurs. Les plus modestes qui ne pouvaient s'acquitter de cet "impôt" étaient mis à contribution par un système de corvées leur permettant de travailler à la construction de l'édifice, un ou deux jours par semaine.

A cette époque, plus de 6000 Corses étaient capturés par ces pirates "turchi" qui arrivaient sur les côtes de Corse, brûlaient les récoltes et repartaient avec des villageois qu'ils réduisaient à l'esclavage.

Il existait deux sortes de tours : rondes pour servir de guet, les sentinelles postées au sommet y allumaient un feu pour prévenir la population en cas de danger. Les tours carrées plus grandes et habitables, édifiées par les notables, permettaient à la fois d'alerter mais aussi de s'y protéger et d'y vivre pendant l'alerte.

Placées dans les endroits stratégiques, des hauteurs, des entrées de golfe ou même à fleur d'eau, comme la tour sainte Marie dans le cap Corse, elles étaient régies, selon des règles strictes par des veilleurs "torregiani" chargés d'avertir les villageois en cas de péril. Si la plupart de ces fortifications ont été détruites, plus d'une soixantaine ont résisté à l'usure du temps et certaines sont habitées et restaurées par les nouveaux propriétaires.

Le golfe de Porto est une des régions les plus visitées de l'île. Dans un périmètre relativement restreint, se succèdent plusieurs sites remarquables : les Calanche de Piana, Porto et la forêt d'Aîtone dans l'arrière-pays, Girolata et la réserve naturelle de Scandola. Il y a seulement une soixantaine d'années, cette région, faiblement peuplée, était habitée par les mouflons, les phoques et les balbuzards. Chassés par les hommes, les mouflons se sont réfugiés dans la haute montagne, les phoques ont disparu. Seuls les balbuzards protégés par la réserve de Scandola ont réussi à survivre et même s'étendre une peu grâce aux efforts conjugués du Parc Régional de Corse et du patrimoine mondial de l'UNESCO.

On ne se rend pas dans les Calanche de Piana. Au détour d'un virage, subitement, on y entre et l'on se retrouve un peu perdu et saisi par ce prodigieux chaos. L'oeil est attiré, par d'étranges sculptures échappées d'un conte fantastique, où les hommes comme les animaux, auraient été changés en pierre, pour une punition éternelle.

Inlassablement, la nature s'amuse à dessiner chaque roche et nous laisse le loisir d'inventer de multiples figures, toutes plus folles les unes que les autres. A ce jour, aucun visiteur de ce lieu magique ne s'est transformé en "statue"de pierre. Mais prenez garde! Quand le soleil se couche et que toutes ces silhouettes semblent renaître à la vie et se mouvoir, il n'est pas impensable qu'un soir, elles enlèvent un voyageur trop aventureux, pour enrichir leur fabuleux musée de pierres éternelles.

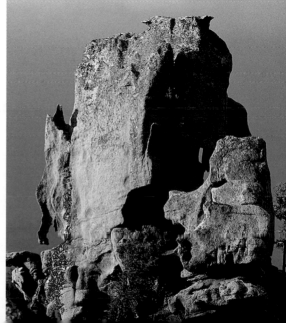

A GAUCHE
.Soleil couchant sur Porto et Scandola
.Porto
.Pont génois dans les gorges de Spelunca
.La piscine dans la forêt d'Aïtone

A DROITE
.La tour, la plage et la marine de Porto
.Pêcheurs dans le golfe de porto

PAGE SUIVANTE
.Arche naturelle dans le golfe de Porto
.Tour génoise de Girolata et Scandola

Girolata fait partie de ces lieux uniques qui ne se livrent qu'à ceux le désirant vraiment, après une marche d'un peu plus d'une heure. Mais à l'arrivée, quelle récompense!... Une petite anse naturelle, que certains ont abordée un jour sans plus jamais repartir, fascinés et envoûtés par ce site idyllique, d'une incomparable quiétude. Protégée par une petite forteresse génoise dominant la baie, cette marine solitaire, vit de la pêche à la langouste et du tourisme. Le village construit de granit rose a su garder son âme. Les plaisanciers séduits sont nombreux à venir mouiller dans cet abri naturel qui représente une étape incontournable d'un circuit autour de la Corse.

A quelques encablures du golfe de Girolata, l'île de Gargalo, repaire d'une multitude d'oiseaux qui peuplent la réserve de Scandola. C'est en bateau, depuis Calvi, Porto ou Ajaccio que l'on découvre ce trésor de la Corse (à faire absolument). L'oeuvre gigantesque de la nature domine nos prétentions humaines. Ici, l'homme n'est plus rien. Modestie et humilité sont de mise quand on pénètre ces lieux. Le temps change très vite sous cette latitude, le vent se lève en quelques minutes et la mer bleu indigo, lisse et plate, se change en un féroce et rugissant abîme, à l'assaut des pics rouges et verticaux de cette côte de porphyre, devenant soudain inhospitalière. Certains diront que le mauvais temps se lève, d'autres y verront la nature reprendre son travail de création, avec ses vents mêlés d'embruns qui viennent polir la courbe d'un rocher, creuser un peu plus une cavité naissante, peaufiner un ouvrage qui ne s'achève jamais, mais que nos pauvres yeux humains ne perçoivent que dans l'instant, sans même pouvoir imaginer la lente progression de ce chef d'oeuvre.

Scandola, créée en 1975 fait partie intégrante du Parc Naturel Régional de Corse. Avec 919 hectares de superficie terrestre et plus de 1000 hectares de surface maritime, elle est la première réserve naturelle française à vocation marine et terrestre.

Plongeant dans la mer, cet imposant massif rouge, d'origine volcanique, est un havre de paix pour tous les oiseaux qui nichent et vivent dans les "taffoni" (gros trou) creusés par l'érosion marine. A l'extrémité ouest de la réserve, l'île de Gargalo

réputée pour son abord délicat et fascinant où les plaisanciers, tendus et admiratifs, se disputent le passage avec des liches de taille imposante, sous le regard perçant et dominateur des aigles pêcheurs, indomptables maîtres des lieux.

PAGE PRÉCÉDENTE
.Crique dans la réserve de Scandola
.Passe du diable dans Scandola
.Golfe de Girolata

A GAUCHE
.La passe de Gargalo
.Aigle pêcheur dans la baie de Focolara
.Passe du diable dans Scandola

A DROITE
.Anse d'Elpa Nera
.Île de Gargalo
.Tortue de mer dans la réserve
.Réserve de Scandola
.Baie d'Elbo

La majestueuse citadelle de Calvi, représentant six siècles de domination Génoise, trône, dominatrice, sur son promontoire. A ses pieds, la ville aux tuiles rouges et le port planté de palmiers, animé par les restaurants et les cafés aux terrasses accueillantes. Quand le vent souffle, la baie de la cité Balanine est un abri des vents d'ouest dominants réputé depuis l'antiquité où tous les plaisanciers se doivent un jour de venir mouiller. La pinède en bordure de plage, longe toute la baie de Calvi, soulignant avec douceur la frontière entre terre et mer. Seule la citadelle vient s'opposer avec bonheur à cette quiétude par son imposante majesté et son agressivité architecturale.

calvi

A GAUCHE
.La baie de Calvi
.La citadelle de Calvi
.Golfe de la Revellata
.La citadelle de Calvi

A DROITE
.La citadelle de Calvi
.La marine et le port de Calvi
.La micheline au bord de la plage

Le ciel bleu azur d'une incroyable pureté et les amandiers en fleurs, annoncent la fin de l'hiver.

Une lumière ardente et tendre baigne tous les villages, accrochés aux montagnes enneigées du massif du Cinto qui domine la Balagne.

Les torrents coulent au milieu d'énormes rochers dans la forêt de Bonifato et des millions de pâquerettes tapissent les prairies du bord de mer.

Sur les toits en terrasse de Corbara, Sant' Antonino ou Pigna, le vent du nord-ouest chante son ultime refrain dans les ruelles de ces villages de Balagne, émergeant de leur torpeur hivernale.

Le chemin de grande randonnée qui traverse l'île sur une longueur de 200km de Calenzana en haute Corse jusqu'à Conca en Corse du sud a favorisé la redécouverte de la montagne. Réservée aux randonneurs avertis, c'est une épreuve très physique, dont le parcours total s'effectue en 16 jours. Cependant, les sentiers tracés par le parc naturel régional permettent de fractionner le périple par des randonnées plus courtes sur un ou plusieurs jours. Sur ces chemins mythiques, les visiteurs découvrent dans les pas des vieux bergers le goût de l'effort et l'ivresse de la liberté sur une terre sauvage et préservée.

A GAUCHE
.Fabrication du bruccio dans le Niolo
.Traite des chèvres
.Lac de Calacuccia
.Randonnée dans la montagne corse

A DROITE
Ascension du Cinto
.Capo Tafonato

Très attachante, la petite ville "village" d'Ile Rousse, prospère et moderne, à l'architecture soignée. Son marché sous les arcades, ses squares fleuris, sa place ombragée de platanes où les joueurs de boules passent des heures à se poser la question de savoir s'il faut pointer ou tirer ... Dans cette cité fondée par Pascal Paoli, tout le monde se connaît. Le visiteur lui même, se prenant au jeu, finit par croire au bout de quelques jours qu'il est d'ici, lui aussi, tant la gentillesse et l'hospitalité des Ile-Roussiens abattent les barrières qui pourraient exister entre les habitants de cette cité à l'âme généreuse et leurs hôtes.

A GAUCHE
.Rivière de l'Ostriconi
.Farniente sous les platanes
.L'Ile Rousse
.Ruelle typique d'Ile Rousse

A DROITE
.Village de Belgodere
.Berger et ses brebis

C'est dans l'intérieur de la Balagne que se cache l'âme véritable de cette région. Il faut visiter tous ces villages magnifiques, à l'architecture unique en Corse.

Dans les oliveraies vieilles de plusieurs siècles, paissent en toute tranquillité de petits troupeaux de brebis. Le son cristallin d'une cloche rythme la marche paisible du " leader", indiquant au berger, comme jadis, la lente progression de ses bêtes.

Sur cette terre bénie des dieux, se récoltent le miel aux fleurs du maquis, l'huile d'olive et des vins généreux de grande qualité. Le visiteur comprend vite qu'ici, le temps ne compte pas. La vie est simplement rythmée par les saisons et la course du soleil, sous un ciel qui invite à la rêverie.

Saint Florent bâtie au creux d'un golfe auquel elle a donné son nom, est une petite ville très appréciée des visiteurs pour ses activités nautiques en pleine expansion. Les plages alentours du Lodo et Saleccia sont desservies par des navettes qui permettent de passer la journée sur les rivages du désert des Agriates. La plage de Saleccia est une des plus belle de l'île, la mer d'une transparence inouïe, le sable d'une grande finesse, font de cet endroit une perle du patrimoine Corse. Longtemps abandonnée au tourisme sauvage, elle est aujourd'hui site protégé et accessible aussi par une petite route qui traverse les Agriates.

A GAUCHE
.Plage de Saleccia
.Saint Florent
.Plage de Saleccia

A DROITE
.Marine de Saint Florent
.Partie de pétanque sur la place
.Quai de Saint Florent
.Tour de Mortella dans les Agriates
.Voilier au mouillage à Saleccia et début du Cap Corse

A GAUCHE
.Village de Nonza
.Petite route sinueuse du Cap
.Messages ou mots d'amour écrits avec des galets sur la plage de Nonza
.Ile de la Giraglia
.Petite Anse dans le Cap Corse
.Tour Sainte Marie

A DROITE
.Port de Centuri
.Port de Centuri

Au siècle dernier, le Cap Corse était très peuplé, en témoignent aujourd'hui les montagnes couvertes de jardins en terrasse qui réapparaissent après le passage des incendies. Beaucoup sont encore en bon état et permettent la culture des oliviers, des cédrats et des oranges. La vigne donne un vin blanc délicat aux arômes d'agrumes et de banane, idéal pour accompagner les magnifiques langoustes proposées dans les restaurants de Centuri, petit port de pêche, véritable joyau architectural. Il faut aller visiter cette marine, le soir au coucher du soleil, la foule a quitté le village... prendre le pastis sur le port et écouter le temps qui passe...

Que serait la Corse sans le vent du Nord?...Où trouverait-on cette lumière si particulière qui rend le maquis, la montagne, si clairs et la mer parsemée de "moutons" blancs, si vivante? Cette impression de pureté infinie qui accompagne le froid, l'hiver, et nous rafraîchit l'été quand la canicule, battant en retraite, fait place à cette délicieuse fraîcheur que les habitants de l'île saluent avec bonheur. Le Cap Corse est une région à part, c'est véritablement une montagne dans la mer. Ici peu de plage de sable mais des galets et des rochers gris qui contrastent avec le bleu vert de la mer. Accrochés aux flancs de la montagne ou blottis dans des anses naturelles, les villages et les marines de schiste sont magnifiques, Erbalungua, Nonza sont parmi les plus étonnants. C'est dans cette région que les tours génoises sont les plus nombreuses. La plus curieuse au nord de Maccinaggio a la particularité d'avoir été bâtie dans la mer : bien que mal en point la " Tour sainte Marie" mérite la visite (une bonne heure à pied).

A GAUCHE
.Village d'Erbalunga
.Erbaluga et sa tour
.Port de Macinaggio

A DROITE
.Tour de l'Osse
.Ruelle de Rogliano

cap corse

Quand le soleil descend derrière "le Pigno" et que les lumières de Bastia s'allument, il n'est pas rare qu'un nuage rose s'étire au-dessus de la ville. Les vieux Bastiais savent que le "Libecciu" a pris possession de son royaume et que pendant trois jours peut-être, il ne fera pas bon aller en mer. Pendant les plus fortes tempêtes d'hiver, même les plus gros bateaux doivent attendre la permission du vent pour entrer dans le port. Passé ce temps, la ville est d'une clarté éblouissante, les îles d'Elbe et de Monte Cristo sont visibles à l'oeil nu, la mer est d'un bleu profond, les terrasses de la place Saint Nicolas sont de nouveau bruyantes et colorées, la cité toute entière est accueillante sous un soleil ardent. Bastia est la plus grande ville de la Corse : ouverte sur la plaine orientale et le sud, elle bénéficie d'une position idéale pour le transport des marchandises.

A GAUCHE
.Vieux port de Bastia
.Bastia et le col de Teghime

A DROITE
.Vieux port de Bastia et l'église St-Jean-Baptiste
.Réserve naturelle de l'étang de Biguglia
.Vieux port de Bastia

Son port est le principal point d'arrivée des touristes, en période estivale, des dizaines de bateaux voyagent entre le continent et la Corse. Cette ville, possède un véritable bijou pour lequel les Bastiais ont une tendresse toute particulière : Au pied de la citadelle, le vieux port, exerce une séduction inexprimable, due sans doute à la majesté des lieux. L'église St-Jean-Baptiste qui domine la rade, les hautes maisons grises longeant le quai, confèrent à ce lieu une atmosphère sereine et accueillante. Le vent du nord, c'est aussi, pour le Cap Corse, une végétation qui souffre et s'incline sous le souffle du "Maistrale". Les arbres ploient dans le sens du vent. Ils sont robustes mais ne peuvent échapper à la force de la nature, ils montrent leur grandeur en s'érigeant vers le ciel, pliés mais enracinés... C'est peut être l'image la plus réaliste de la Corse : que serait la fierté sans la faiblesse?

u levante

"La mer, le soleil, les plages de sable fin, tout est là!
Avec en prime, une nature sauvage mais accessible
qui permet aux privilégiés possédant un bateau, de
se retrouver presque seuls, dans des endroits de
bout du monde..."

Ici, ce n'est pas l'homme qui a modelé
la nature, c'est elle qui lui a imposé un
rythme de vie, qui l'a contraint à lui res-
sembler.

Le châtaignier est une institution. Un
authentique royaume qui s'étend sur
des milliers et des milliers d'hectares.
Comme les hommes, les arbres, orgueil
de cette terre, résistent aux outrages du
temps. La solitude de la Castagniccia
n'est pas triste. Elle est majestueuse,
avec ses paysages, comme la mer toujours recommencée. L'espoir reste
accroché au coeur de ceux qui vivent là
à longueur d'année. A leur façon,
comme les anciens, eux aussi, se battent
pour la liberté.

On ne peut pas capituler quand on est
héritier de la Castagniccia.

A GAUCHE
.Village de Pie d'Orezza
.Le Chanteur de "Paghjellu" Ours Paul Giovanoni
.La châtaigne

A DROITE
.Maison de Castagniccia
.Église de Piedicroce
.Morosaglia

Les villages dominant la plaine orientale ont longtemps été le refuge de la population fuyant cette terre inhospitalière. Beaucoup de ces petites communes, au carrefour de la Castagniccia et du Boziu surplombent la plaine et bénéficient d'une vue panoramique exceptionnelle.

Ancienne cité romaine, vieille de plus de vingt cinq siècles, Aleria fut longtemps la capitale antique de la Corse. Après le départ des Romains, elle fut incendiée par les Barbaresques et désertée par les Corses en raison de son insalubrité. Après la seconde guerre, grâce aux troupes américaines qui éradiquèrent définitivement la malaria, elle redevint habitable. Depuis, l'irrigation et les méthodes agricoles modernes ont transformé cette région qui fut longtemps la plus déshéritée de l'île en un vaste verger.

Témoin de l'occupation génoise, le fort de Matra, au centre du village, abrite désormais le musée dont les salles d'exposition relatent près de 8000 ans d'histoire. Céramiques grecques, étrusques et romaines, parures, armes et objets utilitaires, constituent un patrimoine unique, d'une richesse artistique incomparable.

A GAUCHE
.Village de Campi
.Etang de Diane
.Musée d'Aleria

A DROITE
.Cascade de Pianella
.Piedicorte-di-Gaggio
.Site archéologique d'Aleria
.Vieille porte à Canale-di-Verde
.Pont Génois de Zalana

Entouré de forêts, perché à 658m d'altitude, Ghisoni est dominé par les deux rochers du Kyrie Eleïson et du Christe Eleïson. Ce gros bourg est une étape après le passage du col de Sorba 1311 mètres en venant de l'intérieur et avant de découvrir le défilé de l'Inzecca qui ouvre le chemin vers la plaine orientale par une route sinueuse et spectaculaire.

Sur les quatre étangs de la plaine orientale, seul celui de Palu au sud près de Solenzara n'est pas exploité. Les trois autres développent une activité industrielle. Près de Bastia, Biguglia, réserve naturelle riche en faune et en flore, doit sa réputation à la pêche du mulet et de l'anguille. Près de Ghisonaccia, Diane et Urbino sont spécialisés dans l'ostréiculture. Le plus illustre client de Diane fut Napoléon qui durant son exil à Elbe ne manquait pas de se faire livrer ses huîtres deux fois par semaine.

A GAUCHE
.Etang d'Urbino
.Plage de Pinia

A DROITE
.Etang d'Urbino
.Huitre

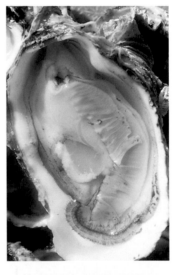

A partir de Solenzara, la côte ouest de la corse change de physionomie. Après une longue plage de 150 km, se succèdent une multitude de petits golfes et de criques qui ont valu à cette région le nom évocateur de "côte des nacres". Souvent abritées comme Pinarellu ou San Ciprianu toutes ces stations balnéaires sont des endroits idéaux pour la pratique de tous les sports nautiques. La mer y est d'une grande transparence et sa température permet la baignade dès le printemps et jusqu'à l'automne.

Cette région est un lieu de pêche au gros, les mordus de ce sport capturent des espadons et de gros thons. Avec un petit bateau toutes les criques sont abordables et permettent un isolement bien agréable en période estivale, quand les plages sont surpeuplées.

C'est ainsi que se savoure la Corse, la tête au soleil, les pieds dans l'eau en oubliant tous les soucis de la vie quotidienne.

Les vents complices accompagnent les fous de voile et les emmènent jusqu'aux îles Cerbicale paradis des oiseaux et réserve naturelle.

A l'intérieur des terres, des milliers d'hectares de chênes liège semblent sortis d'un dessin animé avec leurs troncs rouges et leurs branches noueuses.

A 1218m d'altitude, de hautes murailles rocheuses, hérissées d'aiguilles aux contours singuliers,confèrent au site de Bavella, un caractère d'exception, grandiose et envoûtant. Ancien lieu de transhumance, avec ses bergeries implantées au milieu des pins Laricio, le col de Bavella s'est transformé, au fil du temps, en hameau à vocation touristique. Au sommet du col, une statue de la Vierge protège les voyageurs. Elle fut installée, non sans mal, par les moines de Sartène : en 1952, ces derniers transportèrent sur le site une première statue, qui hélas, se brisa à l'arrivée. Tenaces, les prêtres renouvelèrent leur ascension l'année suivante, sans encombre cette fois, avec une statue plus grande, qu'ils baptisèrent Notre Dame Des Neiges.Depuis, on célèbre cette sainte chaque mois d'août et de nombreux pèlerins viennent se recueillir dans la petite chapelle édifiée tout près du col.

A GAUCHE
.Aiguilles de Bavella
.Mouflons
.Purcaraccia

A DROITE
.Barrage de l'Ospedale
.Trou de la bombe
.Bavella

A l'intérieur des aiguilles de Bavella, de petits cours d'eau serpentent de rochers en bassins naturels, au milieu d'une forêt de pins. Les rochers rouges, l'eau transparente et pure donnent à ce lieu une image paradisiaque. Ces rivières sont fréquentées de plus en plus par les adeptes du canyonning, le domaine est si vaste qu'il permet une pratique de tous les niveaux et des sorties sur de longues distances. Bavella, c'est aussi le royaume des mouflons. Evoluant aisément sur ces pentes abruptes, cet animal symbole de la Corse vit en totale liberté, à l'abri de la civilisation. Ce cervidé farouche, fier, est difficilement visible. Il faut beaucoup de précautions et d'efforts (il vit sur les sommets) pour pouvoir l'admirer dans son milieu naturel.

A GAUCHE
.Notre Dame des Neiges
au col de Bavella
.Col de Bavella

A DROITE
.Cascade de Piscia di
Gallo
.Barrage de l'Ospedale
.Zonza et les aiquilles de
Bavella
.Canyonning à
Purcaraccia

bavella

Au fond d'un vaste golfe, la ville autrefois fortifiée domine le port.

Colonisée par Gênes en 1539, elle subit les invasions barbaresques, les ravages du paludisme et restera une petite bourgade, enfermée dans ses remparts jusqu'au début du vingtième siècle.

Grâce au développement du commerce, la disparition de la malaria et surtout l'essor du tourisme de luxe, Porto-Vecchio est aujourd'hui la station balnéaire la plus réputée sur l'île.

Des anciennes fortifications génoises, subsistent encore la citadelle qui surplombe la marine, les vestiges des remparts, la porte génoise.

En contrebas de la cité, l'exploitation des marais salants a donné à la ville le surnom de "Cité du sel". Cette activité, très prospère dès l'antiquité jusqu'au second empire, connaît aujourd'hui, avec le retour à l'écologie, un nouveau départ, le sel étant utilisé pour la salaison de la charcuterie et le tannage.

Chaque matin qui se lève sur la plage de Palombaggia est la promesse d'une journée radieuse. La brise caresse le sable et les pins parasol qui bordent le rivage.

Les fines vagues ourlent le sable fin et finissent leur course sans un bruit, en couvrant les traces de pas laissées par un promeneur solitaire. Pendant la nuit, la plage s'est refait une beauté et attend ses hôtes. L'eau est propre, limpide, des petits mulets nagent à fleur d'eau, le soleil monte dans le ciel, la lumière s'étale langoureusement.

Les premiers touristes peuvent venir, Palombaggia la plus belle plage de Corse est prête à les accueillir.

A GAUCHE
.Plage de Palombaggia
.Capu d'Acciaju
.Plage de Palombaggia

A DROITE
.Lever de soleil sur le golfe
de Porto-Vecchio
.Pêcheur sur le Port
.Porte Génoise
.Iles Cerbicales

La région de Porto-Vecchio avec Bonifacio est le pôle touristique le plus important de la Corse. Les plages alentours, plus belles les unes que les autres ne sont pas étrangères à cette notoriété grandissante.

La baie de Santa Giulia, à la sortie sud de la cité du sel est la mieux aménagée et la plus fréquentée. Des hôtels bordent la plage et des villas fleuries ont été construites autour du golfe. Tous les sports et loisirs nautiques son proposés aux visiteurs. Cette plage merveilleuse vous transporte dès votre arrivée vers un total dépaysement.

Depuis la cité du sel, à une heure de route, la forêt de l'Ospedale (700m), le lac artificiel au coeur des bois et la célèbre chute d'eau de Piscia di gallu qu'on atteindra après une marche de vingt minutes, pour un bain de fraîcheur, au milieu des pins Laricio, bien appréciable pendant la chaleur de l'été.

A GAUCHE
.Pêcheurs sur le quai de Santa Giulia
.Santa Giulia
.Plage de Santa Giulia

A DROITE
.Golfe de Santa Giulia
.Golfe de Porto Novo

santa giulia

Le sud : un mot qui nous a fait rêver au temps des cours de récréation et qui continue de nous faire rêver à l'heure des conseils d'administration!...

La mer, le soleil, les plages de sable fin, tout est là! Avec en prime, une nature sauvage mais accessible qui permet aux privilégiés possédant un bateau de se retrouver presque seuls, dans des endroits de bout du monde. Impossible de décrire un tel trésor, le visiteur en gardera un souvenir ébloui.

C'est entre Porto-Vecchio et Bonifacio, au coeur d'une nature intacte, que se cachent tous ces petits paradis. Aucun ne ressemble à l'autre, chacun possède sa particularité : ici des rochers plus rouge, là une mer plus calme, plus reposante...

Tous ces rivages qui semblent se dérouler à l'infini et nous invitent à l'évasion, c'est la richesse de la Corse.

A GAUCHE
.Piccovaggia
.Palombaggia
.Sant'Amanza

A DROITE
.Tour de Sponsaglia
.Golfe de Rondinara

Photographies Desjobert
Indicatif éditeur 2-908378-05-1
©Copyright Desjo édition 2002

Sarl Desjobert
5, rue du 1er bataillon de choc 20090 Ajaccio - Corse du sud - France
Tél : (33)04.95.23.30.17 - Fax : (33)04.95.22.24.09
Web : www.desjo-edition.com / www.corsica-imagebank.com

Dépot legal octobre 2002